WISSEN MIT PFIFF

WILDER WESTEN

WAS KINDER ERFAHREN UND VERSTEHEN WOLLEN

Konzeption:
Emilie Beaumont

Text:
Cathy Franco

Illustrationen:
M.I.A.: Baldanzi

Aus dem Französischen von
Claudia Jost

DIE GEBURT EINER NATION

Die Spanier waren die ersten Europäer, die das Gebiet der späteren USA Anfang des 16. Jahrhunderts erkundeten. Im Südwesten des Landes errichteten sie Missionsstationen. 1682 fuhr ein französischer Kundschafter den Mississippi hinauf und nahm ein riesiges Gebiet in Besitz, das er Louisiana nannte. Seit Beginn des 17. Jahrhunderts ließen sich englische Siedler an der Ostküste nieder und gründeten 13 Kolonien. Am 4. Juli 1776 erklärten diese Kolonien ihre Unabhängigkeit und gründeten die Vereinigten Staaten von Amerika.

Die amerikanische Flagge

Die erste amerikanische Flagge wurde 1776 gehisst. Sie hatte noch 13 Sterne und 13 Querstreifen, welche die Gründerstaaten der USA symbolisierten.

Zwei Amerikaner im Wilden Westen

1803 verkaufte Napoleon Louisiana an die Amerikaner. Der amerikanische Präsident Thomas Jefferson beauftragte Meriwether Lewis und William Clark damit, das riesige Gebiet westlich des Mississippi zu erkunden und einen Wasserweg bis zum Pazifik zu finden. Unterwegs trafen die beiden Männer auf einen Trapper (Pelztierjäger) und dessen indianische Frau Sacajawea, die fortan als Führerin und Dolmetscherin für sie tätig war. Lewis und Clark fanden zwar keinen Wasserweg zum Pazifik, konnten dafür aber eine sehr genaue Beschreibung der durchquerten Gebiete abgeben. Die Nordwestküste schilderten sie als eine sehr fruchtbare Region. Andere Expeditionen folgten und öffneten den Weg nach Westen.

Gebietsgewinne

Nach dem Kauf von Louisiana im Jahr 1803 weiteten die USA ihr Territorium bis zum Pazifik aus. 1846 schlossen sie mit Großbritannien einen Vertrag, durch den sie Oregon erhielten. 1848 gewannen sie einen Krieg gegen Mexiko, wodurch ein großer Teil des Südwestens an sie fiel. Mitte des 19. Jahrhunderts war das gesamte Gebiet in den Händen der USA.

Der Weg von Lewis und Clark

- 1776: Unabhängigkeitserklärung der 13 Gründerstaaten
- 1783: Von Großbritannien abgetretene Gebiete
- 1803: Verkauf von Louisiana durch Frankreich
- 1819: Verkauf von Florida durch Spanien
- 1845: Annexion von Texas
- 1846: Vereinbarung über Oregon mit Großbritannien
- 1848: Von Mexiko abgetretene Gebiete
- 1853: Von Mexiko verkaufte Gebiete

Fort Alamo

Zwischen 1820 und 1835 ließen sich 35 000 Amerikaner in Texas nieder, das damals noch zu Mexiko gehörte. Sehr bald kam es zu Konflikten mit der mexikanischen Regierung. 1836 griffen die Mexikaner die zum Fort ausgebaute Missionsstation Fort Alamo an, wo sich 187 Amerikaner verschanzt hatten. Alle Amerikaner wurden getötet, darunter auch der berühmte Trapper und Politiker David Crockett. Einige Wochen später nahmen die Amerikaner bei der Schlacht von San Jacinto erbittert Rache. Texas wurde 1838 unabhängig.

Die Erfahrung der Trapper

Die Trapper jagten Biber, deren Felle nicht nur bei den Hutmachern in Europa heiß begehrt waren, sondern auch an der amerikanischen Ostküste, wo es viele europäische Einwanderer gab. Die Trapper lebten in Eintracht mit den Indianern. Sie wagten sich tief in den Westen vor und bereiteten so die Wege für künftige Siedler. Ihr Leben war hart. Im Winter mussten sie den eiskalten Schneestürmen trotzen. Sie wohnten in Blockhütten und stellten an den Flüssen, an denen die Biber ihre Dämme bauten, Fallen auf. Sie waren die besten Führer für die Trecks nach Westen.

INDIANERGEBIET

Die Indianer sind die Ureinwohner Amerikas. Sie kamen vermutlich vor 30 000 Jahren aus Asien über die Beringstraße nach Nordamerika und verteilten sich über den gesamten amerikanischen Kontinent. Dabei entwickelten sie je nach Region sehr unterschiedliche Lebensweisen. Zu Beginn des 19. Jahrhunderts lebten in Nordamerika mehrere Hundert Stämme. Sie mussten jedoch nach und nach ihre Gebiete den Siedlern überlassen und wurden in Reservate zurückgedrängt. Die Indianer, die um ihre Freiheit kämpften, wurden unbarmherzig bekämpft (siehe S. 26/27).

Unterschiedliche Lebensweisen

Zahlreiche Nomadenstämme (Sioux, Cheyenne, Comanchen, Apachen) lebten von der Jagd, insbesonders von der Bisonjagd. Die Nez Percé in den Rocky Mountains züchteten Tiere. Die Indianer an der Nordwestküste wohnten in Dörfern, die an Flussufern lagen. Sie fischten Lachs und jagten Wale. Im Südwesten trieben die Hopis und die Pueblos Ackerbau. Weiter im Osten lebten die Cherokee in Dörfern. In ihren Schulen lehrten sie ihr eigenes Alphabet.

Die Tipis waren aus Bisonhäuten, die auf Stangen aufgespannt wurden.

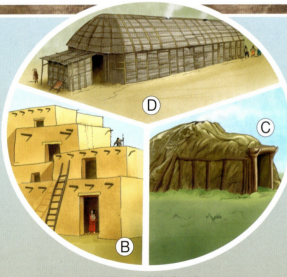

Verschiedene Wohnformen

Die Indianer in der Prärie lebten in Tipis (A). Die Pueblos im Südosten des Landes bauten ihre Häuser aus Lehmziegeln (B), die sie in der Sonne trockneten. Sie setzten ihre Häuser terrassenförmig übereinander, sodass große Anlagen entstanden, die von Äckern umgeben waren. Die Erdhäuser der Mandan (C) waren sehr groß. 30 bis 40 Personen fanden darin Platz. Die Langhäuser der Irokesen (D) waren sehr schmal. Sie boten Platz für 12 Familien.

Die Bisonjagd

Die Indianer in der Prärie waren vollkommen von den Bisons abhängig. Sie lieferten ihnen Nahrung und aus ihrer Haut nähten sie Kleidung und die Planen für ihre Tipis. Ihre Exkremente dienten als Brennmaterial, aus ihrem Talg fertigten sie Kerzen. Aus den Knochen und Hörnern schufen sie Werkzeuge, Waffen und Schmuck und aus den Sehnen Seile und Nähfäden. Die Indianer folgten den Bisons auf ihren jahreszeitlichen Wanderungen.

Die Bisonjagd erforderte Mut und Geschicklichkeit. Die Jäger mussten aufpassen, um nicht vom Pferd zu fallen und von den Bisons zertrampelt zu werden, die immerhin bis zu 900 kg wogen.

Die Welt der Geister

Die Indianer glaubten an Geister. Bei rituellen Zeremonien versuchte der Schamane des Stammes die Harmonie zwischen den Geistern und den Menschen durch Opfergaben, Tänze und Gesänge zu erhalten. Bei Dürre sollte er Regen herbeizaubern. Als Medizinmann heilte er Krankheiten durch Magie und Pflanzen.

Der Totempfahl

Bei den Indianern an der Nordwestküste war die Errichtung von Totempfählen weit verbreitet. Mächtige Häuptlinge und Familienclans ließen Stammesmythen, einzelne Geschehnisse und Personen in verschlüsselter Form (Bild rechts) in bis zu 20 m hohen Holzsäulen verewigen. Mit Pflanzenfarben grellbunt bemalt, dienten sie als Prestigesymbole und Familienwappen. Die meisten Totems wurden zum Schutz vor bösen Geistern aufgestellt.

Der Schamane des Stammes der Tachi Yokuts aus Kalifornien bei einem rituellen Tanz.

WESTWÄRTS

Um 1840 war der Osten der USA überbevölkert und die Bodenpreise stiegen ins Unermessliche. Zu dieser Zeit begannen die großen Trecks nach Westen, dem wilden Landstrich, der sich mehr als 3000 km vom Mississippi bis zum Pazifik erstreckte. Die meisten Pioniere waren auf der Suche nach fruchtbarem Land. Zu Tausenden zogen sie in langen Planwagentrecks auf den ehemaligen Pfaden der Trapper und Kundschafter westwärts. Die großen Ebenen im Landesinneren blieben zunächst noch unbesiedelt. Ihre Kolonisierung begann erst um 1860.

Pioniere unterwegs

Bestimmte Routen wurden häufig genutzt, weil sie in besonders fruchtbare Regionen führten. So zog es Millionen von Farmern nach Kalifornien, noch lange bevor dort Gold entdeckt wurde. Die Wege waren meist lang: Um nach Oregon zu gelangen, waren die Menschen etwa sechs Monate lang unterwegs und legten pro Tag zwischen 20 und 30 km zurück. In einem Treck fuhren 30 bis 100 Wagen. Vor dem Start wurde ein Wagenmeister bestimmt, der für Ordnung sorgte und den Treck organisierte. Er wurde von einem Kundschafter begleitet, der oft ein ehemaliger Trapper war und die Route und ihre Tücken genau kannte.

Die Wege waren so schlecht, dass oft die Räder brachen. Durch die häufigen Reparaturen kam man noch langsamer voran.

Die Wagenburg

Abends stellten die Fahrer ihre Planwagen in einem Kreis auf, damit sich die Familien geschützt fühlten. Während einige Männer Wache schoben, andere etwas reparierten oder sich ausruhten, suchten die Kinder nach Feuerholz und die Frauen bereiteten das Essen vor. Am Abend tanzten und sangen die Reisenden oft zum Klang der Violine und des Banjos.

Angst vor Indianern

Die Pioniere hatten Angst vor den Indianern, die allerdings nur selten die Trecks angriffen. Oft halfen sie sogar den Familien, Flüsse zu überqueren oder zeigten ihnen Wasserstellen. Oftmals brauchten die Pioniere nur mit den Indianern zu handeln (zur Beispiel mit Schießpulver), um die Erlaubnis zu erhalten, ihr Gebiet zu durchqueren.

Die Handkarren-Kompanie

Die Glaubensgemeinschaft der Mormonen zog nach Westen, um dort in Frieden nach ihrer Religion leben zu können. Ihre Karren zogen sie selbst, da sie nicht das Geld für ein Gespann hatten. Deshalb wurden sie „Handkarren-Kompanie" genannt. Sie zogen 2000 km westwärts in die Gegend von Utah, wo sie sich niederließen. Im größten dieser Trecks zogen 3000 Menschen mit 655 Handkarren westwärts.

Die Trecks mussten früh im Jahr starten, um rechtzeitig vor dem Winter ihr Ziel zu erreichen. 1846 wurde ein Treck vom Schnee in der Sierra Nevada überrascht, nachdem er schon mehr als die Hälfte der Strecke zurückgelegt hatte. Viele Reisende starben an Hunger oder Kälte, einige von ihnen sahen sich gezwungen, ihre toten Mitreisenden zu essen, um zu überleben!

Auf dem Weg gab es immer wieder gefährliche Situationen: reißende Flüsse, sengende Hitze, Sandstürme, Präriebrände, vom Regen aufgeweichte Wege usw. Die meisten Menschen starben jedoch durch Epidemien wie Diphtherie und Cholera. Zahlreiche Gräber säumten den Weg nach Westen.

DER GOLDRAUSCH

Am 24. Januar 1848 fand ein Zimmermann in einem Flussbett in Kalifornien kleine, glänzende Steine. Gold! In nur einem Jahr verbreitete sich die Neuigkeit wie ein Lauffeuer und zog Zehntausende von Goldsuchern an. Fasziniert von dem wertvollen Metall verließen die Menschen ihre Arbeit, ihr Haus, ihre Familie. In nur wenigen Monaten wandelte sich das friedliche Dorf San Francisco in eine quirlige Stadt mit über 40 000 Bewohnern. Kalifornien wurde die reichste Region der Vereinigten Staaten.

Die „Neunundvierziger"

Goldsucher, die 1849, als der Goldrausch im vollen Gang war, nach Kalifornien kamen, wurden die „Neunundvierziger" genannt. Es kamen Europäer, Chinesen, Peruaner, Mexikaner, Chilenen ... Sie brauchten nur ein Grundstück, einen sogenannten Claim, abzustecken und ihn anzumelden und konnten dann für eine bestimmte Zeit darauf nach Gold suchen. 1850 wurden die Goldfunde weniger. Goldsucher, die keine Amerikaner waren, mussten nun eine Steuer bezahlen. Ziel war es, sie aus den Minen herauszudrängen.

Wie wird Gold gewaschen?

Die Goldsucher konnten das kostbare Metall mit einer Blechpfanne (1) oder der sogenannten kalifornischen Wiege (2) aus dem Flusswasser auswaschen. In hügeligem Gelände benutzten sie eine Harke. Die Goldwaschrinne (3) war ein langer Wasserkanal, in dem die aus der Mine herausgebrachte Erde mithilfe eines schwachen Wasserstrahls ausgewaschen wurde. Die größeren Goldstücke blieben an den Holzleisten hängen. Die Goldnuggets und der Goldflitter verfingen sich in dem Jutestoff, der am Boden der Rinne lag. Um das Gold aus der Jute herauszubekommen, wurde sie einfach verbrannt.

Der Goldgräber schaufelte den Sand aus dem Flussbett in seine Blechpfanne, dann tauchte er sie ins Wasser und drehte sie ständig im Kreis. Den Sand spülte er über den Rand ab, bis die schwereren Goldstücke zu sehen waren.

Die kalifornische Wiege war eine Art Sieb, mit dem der Schlamm ausgewaschen wurde.

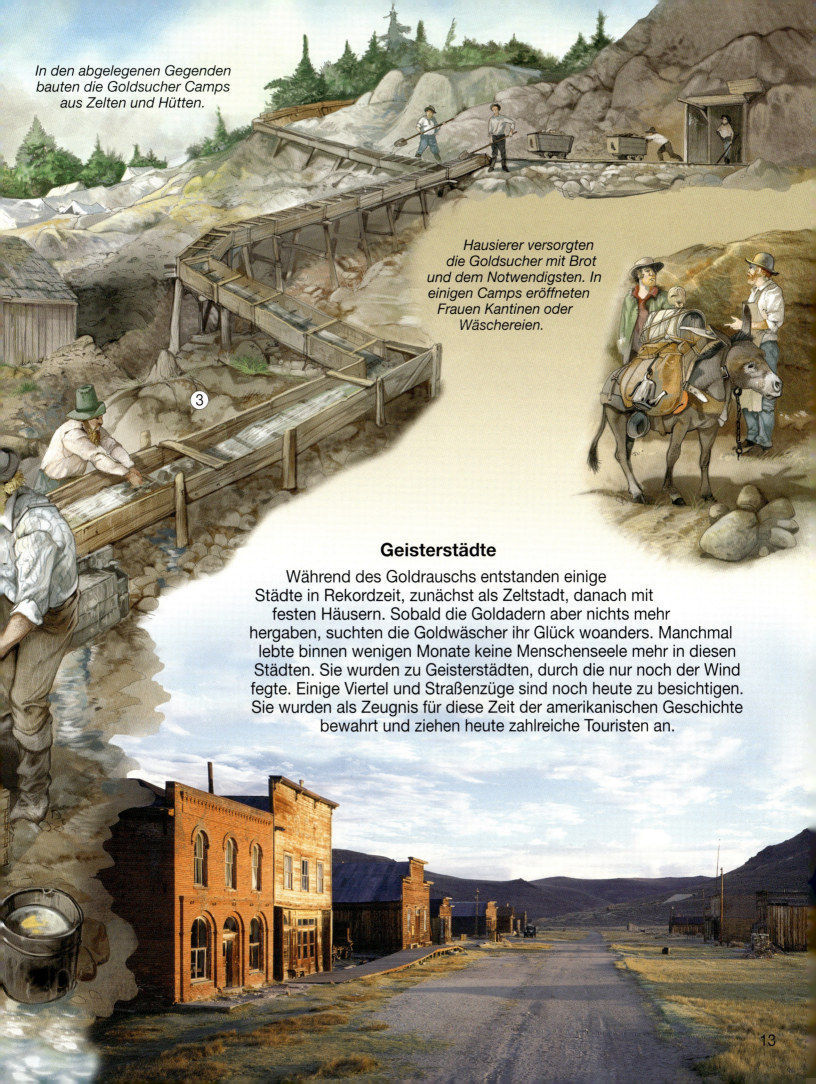

In den abgelegenen Gegenden bauten die Goldsucher Camps aus Zelten und Hütten.

Hausierer versorgten die Goldsucher mit Brot und dem Notwendigsten. In einigen Camps eröffneten Frauen Kantinen oder Wäschereien.

Geisterstädte

Während des Goldrauschs entstanden einige Städte in Rekordzeit, zunächst als Zeltstadt, danach mit festen Häusern. Sobald die Goldadern aber nichts mehr hergaben, suchten die Goldwäscher ihr Glück woanders. Manchmal lebte binnen wenigen Monate keine Menschenseele mehr in diesen Städten. Sie wurden zu Geisterstädten, durch die nur noch der Wind fegte. Einige Viertel und Straßenzüge sind noch heute zu besichtigen. Sie wurden als Zeugnis für diese Zeit der amerikanischen Geschichte bewahrt und ziehen heute zahlreiche Touristen an.

DIE GRÜNDUNG VON SIEDLUNGEN

Nachdem sie im Westen angekommen waren, suchten sich die Pioniere ein Stück Land, machten es urbar und bauten ein Haus darauf. In der Prärie lagen die Farmen weit auseinander. Die nächste Stadt war manchmal 150 km entfernt. Bei einer Reise dorthin konnte man andere Leute treffen und die letzten Neuigkeiten erfahren. Eine neu erbaute Stadt hatte gerade mal ein paar Geschäfte, um die Siedler mit dem Notwendigsten zu versorgen. Nach und nach entstanden weitere Häuser entlang einer Hauptstraße, die zum Zentrum des Ortes wurde.

Eigentümer werden

Für die amerikanische Regierung war es schwierig zu kontrollieren, wo sich die Siedler im Westen niederließen. Am Ende ihrer Reise eigneten sich diese oftmals ein Stück Land an, indem sie ohne jede Genehmigung Holzpflöcke um eine Parzelle herum in den Boden rammten. 1841 wurde ein Gesetz verabschiedet, das erlaubte, für eine bescheidene Summe Eigentümer zu werden. Um die Kolonisierung der bis dahin unbeachteten Prärie im Innern des Landes voranzubringen, erließ der amerikanische Kongress 1862 ein Gesetz (den *Homestead Act*), das jedem Farmer 64 Hektar Land zugestand, der sein Land fünf Jahre lang bebaute. Dieses Angebot lockte nicht nur viele Familien aus dem Osten der USA sondern auch aus Europa (Deutschland und Skandinavien).

Eine Stadt im Westen

Die Städte entstanden nicht willkürlich, sondern an Wegkreuzungen, an Flussufern oder dort, wo Gold gefunden wurde. Andere folgten dem Ausbau der Eisenbahnlinie in den Westen und entstanden entlang der Bahngleise. Die Häuser dieser Städte waren aus Holz, dementsprechend hoch war die Brandgefahr. Die Hauptstraßen, oftmals die einzigen Straßen in den Orten, waren sehr breit, damit die Karren und Kutschen genügend Platz zum Manövrieren hatten. Es gab verschiedene Geschäfte, darunter den unverzichtbaren Krämerladen, in dem es vom Kaffee bis zur Munition alles zu kaufen gab. Außerdem ein Hotel, eine Bank, billige Pensionen und Saloons. Nach und nach entstanden eine Poststelle, eine Schule, das Büro des Sheriffs, ein Gericht, Kirchen und ein Theater.

Die Straßen waren nicht gepflastert. Im Sommer wirbelten die Kutschen riesige Staubwolken auf, bei Regen versanken die Fußgänger im Schlamm. Immerhin waren wenigstens die Bürgersteige erhöht.

Die Farmer in der Prärie

Weit weg von den Städten bauten die Siedler in der baumlosen Prärie ihre Häuser mit Erd- und Grasnarben. Die Farmen waren oft 2 bis 3 km voneinander entfernt. Das Leben der Familien war hart und einsam. Sie verbrannten Kuh- und Bisonfladen zum Heizen und zum Kochen. Schon von klein auf mussten die Kinder ihren Eltern bei der Arbeit helfen. Manchmal schlossen sich die Familien zusammen, um eine Schule zu gründen und einen Lehrer zu bezahlen.

Der Saloon

Alle Städte und Dörfer hatten mindestens einen Saloon. Zum Klang des Banjos, des Akkordeons und des Klaviers wurde dort in verrauchten Räumen um hohe Beträge Karten gespielt und weit über das Maß getrunken. Der Saloon zog in erster Linie Männer an, aber manchmal traf man dort auch verwegene Frauen wie Calamity Jane, die sich wie ein Mann kleidete, fluchte, rauchte und trank!

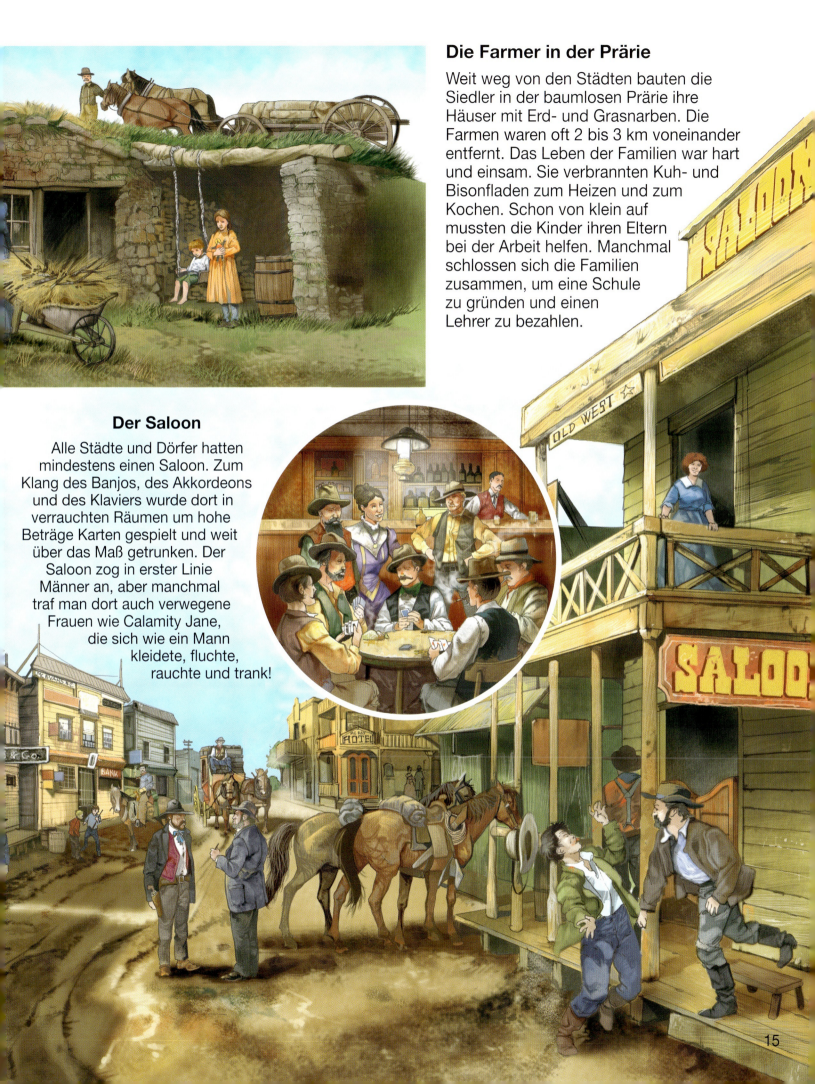

REISE- UND POSTVERKEHR

Je weiter die Kolonisierung voranschritt, desto notwendiger wurde es, die Verbindungen zwischen den Staaten der Ost- und Westküste zu verbessern. Bis zur Inbetriebnahme der transkontinentalen Eisenbahn im Jahr 1869 wurden Menschen und Waren meist mit Kutschen über den Landweg transportiert, aber auch über den Seeweg über das Kap Hoorn. Letzteres bedeutete allerdings, ganz Südamerika zu umschiffen, wofür man drei Monate brauchte! Ab 1858 eroberte die Postkutsche den Westen und transportierte sowohl Post als auch Passagiere.

Die Postkutsche

Sie wurde von vier bis sechs Pferden gezogen und konnte bis zu 21 Passagiere transportieren. Die ärmere Passagiere mussten allerdings auf dem Dach sitzen. Die Reise quer durch den Westen dauerte nur 23 Tage war aber sehr unbequem. Wenn die Kutsche einen steilen Abhang hinunterfuhr, wurde hinten ein Baumstamm angehängt, um sie abzubremsen. Neben dem Kutscher saß ein bewaffneter Wächter. Unter seinem Sitz befand sich eine Kiste mit der Post und den Wertgegenständen.

Briefträger zu Pferde

1860 wurde der Pony Express ins Leben gerufen, ein Postbeförderungsdienst zu Pferd. Die Route war im Stafettensystem in einzelne Stationen aufgeteilt. Die Reiter transportierten jeweils 9 kg Post im schnellen Galopp bis zur nächsten Station, wo sie das Pferd wechselten und im Eiltempo weiterritten. Nach rund 120 km wurde auch der Reiter ausgetauscht. Mit dem Pony Express brauchte die Post nur etwa zehn Tage von einer Küste zur anderen!

Der Pony Express fand nach 18 Monaten mit der Einrichtung der ersten Telegrafenleitung ein schnelles Ende. Die Indianer nannten die Leitung „sprechender Draht".

Die Eisenbahn

1862 wurde der Bau einer Eisenbahn beschlossen, die das Eisenbahnnetz im Osten des Landes mit der 3200 km entfernten Pazifikküste verbinden sollte. Zwei Eisenbahngesellschaften nahmen die Herausforderung an: Die Central Pacific, die von Sacramento an der Westküste aus startete, stellte 15 000 chinesische Arbeiter ein. Viele von ihnen kamen ums Leben, als sie mit dem hochexplosiven Nitroglyzerin Tunnel in die Berge sprengten. Die Union Pacific, die von Omaha an der Ostküste aus startete, stellte für dieses Unternehmen größtenteils Iren ein. Am 10. Mai 1869 trafen sich die beiden Linien in Promontary Point im Bundesstaat Utah.

Eine riesige Baustelle

Insgesamt 15 Tunnel wurden durch die Berge getrieben. An jedem von ihnen arbeiteten mehrere Tausend Arbeiter ein ganzes Jahr lang! Bis zu 300 m lange Brücken in schwindelerregender Höhe überspannten Täler und Flussläufe. Die Arbeiter folgten der von den Ingenieuren vorgegebenen Trasse. Sie verlegten Holzschwellen und darauf die Gleise, die auf einem Waggon lagen, den eine Lokomotive vor sich herschob. An einem Tag konnten bis zu 17 km Schienen verlegt werden! Am Abend drängten sich die völlig erschöpften Arbeiter in Zelt- oder Hüttencamps zusammen. In der Prärie wurden sie oft von Indianern angegriffen, die durch das „Feuerross" (den Zug) ihre Lebensweise bedroht sahen, denn die Eisenbahn durchquerte ihre Jagdgebiete.

Ab 1869 konnten Reisende in nur sechs Tagen vom Atlantik zum Pazifik fahren!

RECHT UND GESETZ

In den Anfängen der Besiedelung des Westen gab es zu wenige Ordnungshüter. Wenn ein Verbrecher gefangen wurde, musste oft ein Wanderrichter gerufen werden; manchmal vergingen Wochen bis zu seiner Ankunft. Erst wenn eine Stadt genug Geld hatte, konnte sie sich einen Sheriff, das heißt einen von den Bürgern bezahlten Polizisten, und ein Gericht leisten. Der Marshal war ein Bundespolizist, der von der Regierung bezahlt wurde. Er war für eine Stadt oder das gesamte Gebiet der USA zuständig.

Sheriffs und Marshals

Nicht alle Sheriffs und Marshals waren von je an gesetzestreu. Einige waren Banditen gewesen, bevor sie das Gesetz verteidigten. Der berühmteste Sheriff jener Zeit war Wild Bill Hickok. Er war ein exzellenter Schütze und trug zwei Colts, mit denen er über Kreuz schießen konnte. Er wurde von allen gefürchtet, fürchtete aber auch um sein eigenes Leben. Deshalb schlief er mit seinen Colts unter dem Kopfkissen und verteilte jeden Abend auf dem Boden seines Schlafzimmers Zeitungspapier, um auch von dem leisesten Geräusch geweckt zu werden. Während eines Pokerspiels wurde er rücklings erschossen.

Die Gesetzlosen

Viele sogenannte Outlaws (Englisch für Gesetzlose) sind noch heute bekannt. Angeblich hat Billy the Kid 21 Menschen erschossen, bevor er selbst mit 21 Jahren von Sheriff Pat Garett getötet wurde. Die Brüder Frank und Jesse James waren zusammen mit ihrer Bande die größten Bankräuber im Westen. Robert Leroy Parker, besser bekannt als Butch Cassidy, und seine Bande machten durch Raubüberfälle auf Züge von sich reden. Bevor sie anfingen, Banken und Postkutschen zu überfallen, waren die drei Dalton-Brüder ehrenwerte Marshals!

Banken waren ein beliebtes Ziel der Banditen im Westen.

Die Vigilanten

Vigilanten waren bewaffnete Bürgergruppen, die sich in sogenannten Wachsamkeits-Komitees zusammenschlossen, um als Selbsthilfeorganisation schwache Ordnungshüter zu ersetzen. Sie organisierten regelmäßige Patrouillen und bestraften die von ihnen verhafteten Personen ohne jedes Urteil! Wer nur geringfügige Straftaten begangen hatte, wurde lediglich der Stadt verwiesen. Bei schwerwiegenderen Straftaten wie Viehdiebstahl gab es allerdings nur ein einziges Urteil: Hängen!

Während der Eroberung des Westens richteten die Vigilanten über 500 Menschen hin, von denen manche unschuldig waren. Das Hängen wurde öffentlich vollzogen, um „ein Exempel zu statuieren".

Kopfgeldjäger

Allen, die sich befähigt fühlten, einen Outlaw zu fangen und ihn tot oder lebendig den Ordnungshütern zu übergeben, winkte eine hohe Prämie. Sie wurden in der Regel von den Institutionen bezahlt, die Opfer dieser Verbrecher geworden waren: Postkutschengesellschaften, Eisenbahngesellschaften, Banken ... Kopfgeldjäger nahmen die Spur der Banditen auf. Beharrlich und zu allem bereit folgten sie ihnen Tag und Nacht. Die Outlaws fürchteten sie mehr als die Ordnungshüter!

Ein kurioser Richter

Roy Bean war schon 60 Jahre alt, als er sich selbst zum Friedensrichter ernannte. Sicherlich kannte er etwas das Gesetz, aber er sprach sonderbare Urteile – nach Kriterien, die ganz seine eigenen waren. Trotzdem sprachen die Bewohner von Langtry, einer kleinen Stadt in West-Texas, ihm ihr Vertrauen aus. Sein Saloon diente ihm als Gerichtssaal. Er war fast 20 Jahre lang Friedensrichter.

Auf diesem Foto urteilt Richter Roy Bean (der Mann auf dem Fass) über einen Mann, auf den seine Kumpels schon auf dem Pferd warten.

DIE COWBOYS

Ab den 1860er-Jahren verdienten die Amerikaner in Texas ein Vermögen mit der Rinderzucht. Sie verkauften die Tiere in die großen Städte im Osten der USA. Sie beschäftigten Cowboys (Englisch für Kuhjungen), die sich um die Tiere kümmerten. Einmal im Jahr trieben die Cowboys die Tiere in einem großen Viehtreck über 1000 km zu einem Verladebahnhof, von wo aus sie in die Schlachthöfe transportiert wurden. Nur wenige Weiße nahmen diese kräftezehrende und schlecht bezahlte Arbeit an. Meist waren es die Söhne armer Farmer. Mehr als die Hälfte der Cowboys waren Schwarze oder Mexikaner.

Das *Round-up*

Im Frühjahr trieben die Cowboys die Rinder, die manchmal in einem Gebiet von mehreren Hundert Quadratkilometer herumstreunten, zu Herden von 1000 bis 3000 Tieren zusammen, um sie bis zur nächsten Eisenbahnstation zu bringen. Dieses Zusammentreiben wurde *Round-up* genannt und dauerte mehrere Wochen. Die neugeborenen Kälber wurden mit einem Lasso eingefangen, um ihnen mit einem heißen Eisen das Brandzeichen der Ranch einzudrücken. Die Mexikaner nannten diesen Zusammentrieb *rodéo* (von Spanisch *rodear*: umringen). Inzwischen ist das Rodeo zu einer Vergnügungsveranstaltung geworden, bei der die Cowboys auf ungezähmten Pferden reiten und ihr Können mit dem Lasso zeigen.

Eine Herde zog sich oft über mehrere Kilometer hin.

Der Viehtreck

Es dauerte zwischen drei und vier Monate, um eine Herde bis zur nächsten Eisenbahnstation zu treiben. Man rechnete einen Cowboy für 250 Tiere. Die Männer saßen bis zu 14 Stunden am Tag im Sattel. Die Tiere durften nicht gehetzt werden, damit sie nicht an Gewicht verloren. Aber das Lauftempo musste auch ausreichend sein, damit sie in der Nacht schliefen.

Die Ranch

Die Ranch gehörte dem Viehzüchter. Zu ihr gehörte das Wohnhaus des Besitzers, die Unterkunft für die Cowboys (einfache Schlafräume ohne jeden Komfort), die Ställe, Einzäunungen und die Weiden. Zu Anfang hatten die Weiden natürliche Grenzen, wie zum Beispiel Flüsse. Mit der Erfindung des Stacheldrahtzauns im Jahr 1874 wurden die Routen der Cowboys unterbrochen und manchmal wurden ihnen damit sogar der Zugang zu einem Wasserloch verwehrt. Der Ausbau des Eisenbahnnetzes setzte den großen Viehtrecks endgültig ein Ende.

Ein Rind mit dem Lasso einzufangen kann nur durch Üben erlernt werden. Der Cowboy reitet neben dem Rind her, wirft die Lassoschlinge um die Hörner des Rindes und zieht dann zu.

Erst die Arbeit, dann das Vergnügen

Die Cowboys hatten nur selten Konflikte mit den Indianern. Manchmal schenkten sie ihnen ein Rind, damit sie ihr Gebiet durchqueren konnten. Am meisten Angst hatten sie vor einer *Stampede,* bei der zunächst einzelne Tiere, dann die gesamte Herde in Panik davonrannte. Grund für eine solche Panik war oft ein lautes Geräusch wie ein Donner oder ein Schuss. Die Cowboys mussten dann versuchen, die Herde zusammenzuhalten, indem sie um sie herumritten und den Kreis immer enger zogen, bis die Tiere sich schließlich nicht mehr bewegen konnten. Glücklicherweise hatten die Cowboys auch schöne Momente, oft zusammen beim gemeinsamen Abendessen, das der Koch in seinem Küchenwagen zubereitet hatte. Am Abend saßen die Cowboys um das Feuer und sangen lange Balladen, die ihren Alltag beschrieben.

DIE SOLDATEN IM WILDEN WESTEN

Ab 1840 errichtete die amerikanische Regierung ein Netz von Forts entlang der Wege der Siedler, um ihre Trecks besser schützen und die Indianer überwachen zu können. Als mit der Zeit immer mehr Siedler nach Westen strömten, musste die Armee gegen die Indianer kämpfen, die ihre Jagdgebiete verteidigten und sich weigerten, in die Reservate zu gehen. Es entstanden immer mehr Forts. Außer dem Schutz der Siedler sicherten die Soldaten im Westen auch den Bau von Straßen und die Versorgung der Indianer in den Reservaten.

Die Rekrutierung

Viele arbeitslose junge Männer kamen in die Forts im Westen, weil sie entweder ihr Leben ändern oder dem Gesetz entfliehen wollten, wenn sie straffällig geworden waren. Einzige Bedingung für den Beitritt zur Armee war eine gute körperliche Verfassung. Die Soldaten mussten sich für eine Mindestdauer von fünf Jahren verpflichten. Aber die Lebensbedingungen waren hart: Die Männer holten sich Läuse, Flöhe und sogar die Krätze, sie waren schlecht genährt, weil die Lebensmittel schnell verdarben und es kein frisches Obst gab. Vor allem litten die Soldaten aber unter der Einsamkeit, denn die Forts waren weit weg von jeder Zivilisation. Mehr als ein Drittel der Soldaten desertierte!

Infanterie, Artillerie und Kavallerie

Jedes Regiment hatte sein eigenes Zeichen. Die kaum bewegliche Artillerie wurde nur in den großen Schlachten zur Unterstützung der Infanterie (Fußsoldaten) und der Kavallerie (Soldaten zu Pferde) eingesetzt. Die Indianer nannten die Soldaten der Kavallerie „Langmesser", weil sie an ihrem Gürtel einen Säbel trugen, den sie im Nahkampf einsetzten.

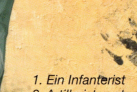

1. Ein Infanterist
2. Artilleristen stopfen eine Kanone

Die Forts im Westen

Je nach Region waren die Forts aus Stein oder Holz gebaut und von einer Mauer bzw. einer Holzpalisade umgeben, an deren Ecken je ein Wachturm stand. In der Mitte befand sich der Übungsplatz. In den Gebäuden waren die Offizierswohnungen, die Schlafsäle, die Ställe, die Waffenschmiede und ein Geschäft untergebracht, in dem es allerlei Waren zu kaufen gab. Außerdem gab es einen Schuhmacher, eine Zimmerei und eine Schmiede. Einige Forts dienten als Zwischenhalt für die Siedlertrecks, die sich hier ausruhen, ihre Wagen reparieren und ihre Pferde beschlagen konnten ...

Die Kavallerie war die wirksamste Waffe bei der Patrouille durch die ausgedehnten Weiten des Westens.

Ausschnitt aus einem Bild des amerikanischen Malers F. Remington

Den Indianern auf der Spur

Von den Siedlern verachtet und aus ihren angestammten Territorien vertrieben (siehe S. 26/27), erhoben sich die Indianer und wurden dafür ununterbrochen von der Armee verfolgt. Zahlreiche Soldatentrupps wurden damit beauftragt, sie zu verfolgen und zu bekämpfen.

Die Kavallerie ritt der Infanterie immer voraus. Dieser folgten ein Wanderschmied und zahlreiche Wagen mit Munition, Lebensmitteln und Wasser. So hatten die Soldaten jeden Tag etwas zu essen und zu trinken, während die ständig attackierten Indianer nicht mehr jagen konnten, um sich selbst und ihre Familien zu ernähren.

Der Weißkopfseeadler ist seit 1782 das Symbol der Vereinigten Staaten.

Der Fährtensucher führte die Soldaten auf die Spur der aufständischen Indianer. Niedergetrampeltes Gras, ein Fußabdruck oder der Flug der Vögel halfen dem Fährtensucher dabei, den Feind zu entdecken.

Buffalo Bill, eine Legende des Wilden Westens

William Frederick Cody, besser bekannt als Buffalo Bill, war zunächst Reiter beim Pony Express (siehe S. 16) und Bisonjäger (Buffalo ist das englische Wort für Bison), bis er einer der berühmtesten Fährtensucher im Dienst der amerikanischen Armee wurde. In den 1880er-Jahren organisierte er eine Wild-West-Show über die Zeit im Wilden Westen. In ihr zeigte er dem Publikum das Leben der Pioniere und Cowboys. Die Show hatte großen Erfolg.

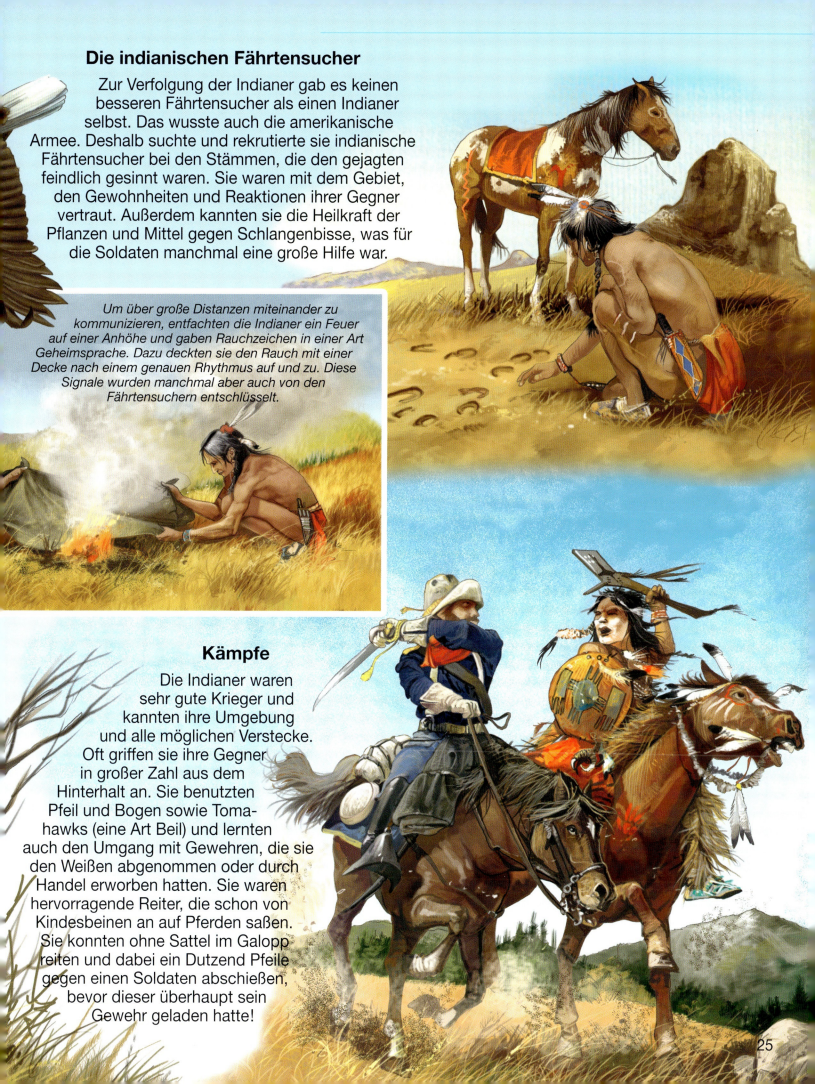

Die indianischen Fährtensucher

Zur Verfolgung der Indianer gab es keinen besseren Fährtensucher als einen Indianer selbst. Das wusste auch die amerikanische Armee. Deshalb suchte und rekrutierte sie indianische Fährtensucher bei den Stämmen, die den gejagten feindlich gesinnt waren. Sie waren mit dem Gebiet, den Gewohnheiten und Reaktionen ihrer Gegner vertraut. Außerdem kannten sie die Heilkraft der Pflanzen und Mittel gegen Schlangenbisse, was für die Soldaten manchmal eine große Hilfe war.

Um über große Distanzen miteinander zu kommunizieren, entfachten die Indianer ein Feuer auf einer Anhöhe und gaben Rauchzeichen in einer Art Geheimsprache. Dazu deckten sie den Rauch mit einer Decke nach einem genauen Rhythmus auf und zu. Diese Signale wurden manchmal aber auch von den Fährtensuchern entschlüsselt.

Kämpfe

Die Indianer waren sehr gute Krieger und kannten ihre Umgebung und alle möglichen Verstecke. Oft griffen sie ihre Gegner in großer Zahl aus dem Hinterhalt an. Sie benutzten Pfeil und Bogen sowie Tomahawks (eine Art Beil) und lernten auch den Umgang mit Gewehren, die sie den Weißen abgenommen oder durch Handel erworben hatten. Sie waren hervorragende Reiter, die schon von Kindesbeinen an auf Pferden saßen. Sie konnten ohne Sattel im Galopp reiten und dabei ein Dutzend Pfeile gegen einen Soldaten abschießen, bevor dieser überhaupt sein Gewehr geladen hatte!

DER WIDERSTAND DER INDIANER

Als immer mehr Siedler ins Land kamen, wurden die Indianer gezwungen, ihre Gebiete abzutreten und in Reservate zu ziehen. Aber zahlreiche Stämme erhoben sich im Kampf um ihre Freiheit. Sie wurden erbarmungslos von der Armee verfolgt. Das Massaker an 300 Sioux am Wounded Knee in Süddakota im Jahr 1890 markierte das Ende des Widerstands der Indianer. Ende des 19. Jahrhunderts lebten alle Indianer in Reservaten. Heute gibt es noch etwa 3 Millionen Indianer, ein Drittel davon lebt in Reservaten, wo sie versuchen, ihre Traditionen zu bewahren.

Die Umsiedelung der Indianer

Die Indianer wurden in Reservate geschickt, die oftmals weit von ihrer Heimat entfernt lagen. Dort lebten sie in Armut und Hunger, weil die Gebiete viel zu klein oder zu trocken waren, um zu jagen oder etwas anzubauen. Sie wurden gezwungen, ihre Religion und ihre Traditionen aufzugeben. Das Bild unten zeigt, wie die Armee im Winter 1838 15 000 Cherokees nach Oklahoma eskortierte, 1600 km von ihrer Heimat entfernt. 4000 von ihnen starben auf dem Weg, der seitdem „Zug der Tränen" genannt wird.

Die Kriege in der Prärie

Die Indianer in der Prärie sahen ihre Lebensweise durch die Siedler bedroht, die in ihre Jagdgebiete eindrangen und die Bisonherden dezimierten, die sie zum Überleben brauchten. Zahlreiche Stämme schlossen sich zusammen, um gegen die Armee zu kämpfen, die blutige Schlachten gegen die Indianer führte. 1876 beschloss General George A. Custer, ein großes Indianerlager an den Ufern des Flusses Little Big Horn in Montana anzugreifen. Custer träumte vom Ruhm und widersetzte sich deshalb dem Befehl, auf Verstärkung zu warten. Damit hatte er sein Unglück besiegelt. Custer und die 285 Männer seines Bataillons wurden von 2500 Indianern umzingelt und getötet. Es war die schwerste Niederlage der amerikanischen Armee.

Der lange Marsch der Nez Percé

Die Nez Percé lebten im Nordwesten der Vereinigten Staaten. 1877 forderte die Regierung sie auf, in ein Reservat zu ziehen. Ihr Anführer, Häuptling Joseph, lehnte aber ab und beschloss zu fliehen. Mit 250 Kriegern, 500 Frauen und Kindern und 2000 Pferden versuchte er, sich nach Kanada durchzuschlagen. 106 Tage lang verfolgte sie pausenlos eine Armee von 2000 Mann. 60 km vor der Grenze wurden die Nez Percé gefangen!

Der Apachen-Häuptling Geronimo kämpfte 30 Jahre lang gegen die Armee. Er starb in einem Reservat, weit entfernt von der Heimat seiner Ahnen.

Nachdem er schon 2200 km mit seinem Stamm, den Nez Percé, zurückgelegt hatte, wurde Häuptling Joseph gezwungen, umzudrehen.

Der Widerstand der Apachen

Die Apachen umfassten mehrere Stämme, die im Südwesten der Vereinigten Staaten lebten. Die Armee hatte große Schwierigkeiten, sie zu bekämpfen. Die Indianer profitierten von den zahlreichen Verstecken, die sie in ihrer Umgebung fanden. Sie lockten die Soldaten oft in einen Hinterhalt. Manchmal brauchte die Armee 1000 Soldaten, um eine Gruppe von 50 Apachen zu ergreifen. Die Apachen waren die letzten Indianer, die sich ergaben. Ohne stammeseigene Fährtensucher, die zu rivalisierenden Apachenbanden gehörten, hätte die Armee ihren Widerstand niemals gebrochen.

INHALTSVERZEICHNIS

DIE GEBURT EINER NATION 6

INDIANERGEBIET 8

WESTWÄRTS 10

DER GOLDRAUSCH 12

DIE GRÜNDUNG VON SIEDLUNGEN 14

REISE- UND POSTVERKEHR 16

RECHT UND GESETZ 18

DIE COWBOYS 20

DIE SOLDATEN IM WILDEN WESTEN 22

DER WIDERSTAND DER INDIANER 26

Wir danken Frau Annick Foucrier, Professorin an der Universität Paris 1 – Pantheon – Sorbonne und Direktorin der CRHNA (Forschungszentrum für nordamerikanische Geschichte) für ihre freundliche Unterstützung.

© der deutschsprachigen Ausgabe:
Fleurus Verlag GmbH, Köln 2008
Alle Rechte vorbehalten
© Editions Fleurus, Paris 2007
Titel der französischen Ausgabe:
Grande imagerie, Le Far West à la Conquête de l'Ouest
ISBN 978-3-89717-496-2
Printed in Italy